Contes de tortues
des mers du monde

La compagnie Zoukouyanyan

Contes de tortues des mers du monde

Ibis Rouge Editions

http://www.ibisrouge.fr

ISBN : 978 - 2 - 84450 - 356 - 5

Invitation au voyage

Les tortues vivent dans toutes les mers du monde et ont, depuis bien longtemps, inspiré bien des histoires.

Il faut dire qu'elle nous fascinent et nous surprennent parfois ! Comme cette soirée sur une plage de Rémire-Montjoly où une tortue est venue pondre à quelques mètres de nous, pendant que nous racontions des histoires de... évidemment !

C'est pour cela que les conteurs de la « Compagnie Zoukouyanyan » sont fiers de vous présenter ce recueil de contes des tortues des mers du monde.

Ce projet, né il y a quelques années, est pour nous l'occasion de vous faire voyager à travers les différents océans en espérant que vous y trouverez amusement et dépaysement.

Ces contes de traditions orales sont parvenus jusqu'à nous souvent par l'intermédiaire de l'écrit. Nous espérons que, demain, ils retrouveront la bouche des conteurs qui sommeillent en chacun de nous.

En vous souhaitant une bonne lecture, et un bon voyage !

David MÉROUR,
président de la « Compagnie Zoukouyanyan ».

la Compagnie
ZOUKOUYANYAN

I

Les tortues du Buzaré

Conte de Colombie,
adapté à la Guyane – océan Atlantique.

Messieurs et dames, la société, si un jour vous vous promenez dans les rues de Cayenne, allez donc faire un tour du côté de la place des Amandiers. Là, sous l'ombre des arbres et le souffle du vent, peut-être ferez-vous une belle rencontre. A cet endroit, parfois, sur ce banc même, le chapeau de paille un peu de travers, la tête tournée vers la mer, l'oreille tendue vers le ressac, un vieux chabin roule une cigarette de ses doigts agiles. Si vous le voyez, arrêtez-vous pour l'écouter, car il connaît bien des histoires…

Ces grosses pierres, tiens, que l'on voit là, juste en face des Amandiers, à la pointe Buzaré, étrange succession de gouttes de roches plongeant dans l'eau… il en sait long sur leur origine… Sous son chapeau, Tonton Kraké – c'est le nom qu'on lui donne – a l'œil qui brille. Il prend pourtant le temps de savourer le temps qui lentement s'écoule et laisse doucement venir les mots, pas à pas… de tortue.

Du pas de ces tortues qui chaque nuit, jadis, quittaient la mer pour trouver sur la terre leur nourriture avant de retourner dormir au fond de l'océan. Etrange vie que celle de ces animaux, marins le jour et ruminants terrestres la nuit. Etrange, et difficile. Car une malédiction leur imposait de regagner l'abri des flots avant le jour, faute de quoi le premier rayon du soleil les métamorphoserait en pierre.

Or, en lieu et place de la ville de Cayenne se dressaient à l'époque de vastes prairies d'herbes et de plantes fort appréciées de ces étonnantes brouteuses. Et voilà qu'une nuit, l'herbe grasse de la prairie plus que jamais abondante et succulente, fait perdre la tête aux gourmandes qui s'éloignent de la rive. Elles le savent pourtant qu'elles doivent rejoindre la mer avant le lever du soleil !

Soudain, levant la tête, l'une des gloutonnes découvre le ciel envahi déjà par le gris de l'aube. Vite, toutes se mettent en marche, les petites tortues se frayant un passage vers la mer, à travers les herbes hautes, suivies des plus grosses qui s'essoufflent déjà d'une pareille course.

Mais en approchant de la plage, elles découvrent des hommes, armés de lances, qui semblent faire le guet. Ce sont sûrement des chasseurs qui ont observé leurs habitudes et les attendent. Les tortues s'arrêtent et restent à l'abri, cachées dans la végétation.

Le temps s'écoule. Les hommes s'impatientent. L'un d'entre eux dit à un autre :

— Oh, mon frère, je n'en peux plus d'attendre pour rien, tu es sûr que ces bêtes sont sorties de l'eau ?

— Evidemment, tu as vu les traces comme moi ..., répond le second.

Pendant ce temps, l'inquiétude gagne les tortues :

— Le jour va bientôt se lever, nous devons passer ! hasarde l'une des petites.

— Pour mourir sous les coups de lances de ces maudits hommes ? Pas question !, rétorque la plus vieille.

— Attendez, il semble qu'ils discutent entre eux !, observe une autre tortue.

Enfin, alors que les lueurs de l'aube irisent d'or le ciel, les chasseurs bredouilles et résignés s'éloignent.

Aussitôt, les tortues se précipitent vers la mer, mais le jour plus rapide les surprend au bout de la plage. Le premier rayon du soleil les pétrifie alors que les plus petites allaient tout juste atteindre la mer. De nos jours encore ces larges pierres blanches brillent au soleil du matin, les petites devant et les grosses derrière. De loin on pourrait croire qu'elles dansent dans l'eau, peut-être pour nous rappeler que sous leur gangue de pierre, les tortues luttent encore pour rejoindre la mer.

Peut-être... C'est en tout cas cela que vous dira, l'œil pétillant sous son chapeau, le vieux Tonton Kraké. Cela qu'il raconte encore à ceux qui viennent s'asseoir à côté de lui, le visage tourné vers la mer, l'oreille tendue vers le ressac, sur un banc de la Place des Amandiers, à Cayenne, en Guyane.

II

La femme tombée du ciel

Conte des Indiens Huron-Wendat du Canada – océan Atlantique.

Au tout début des temps, les hommes habitaient un pays magnifique, situé dans le ciel, au dessus des nuages. C'est dans ce pays que vit Aataensic, une jeune femme rayonnante et belle. Elle est si heureuse, depuis qu'elle sait qu'elle attend un enfant. Hélas, peu de temps après, son époux tombe gravement malade.

Désemparée, la jeune femme se rend chez le chaman. Il lui recommande de trouver rapidement les racines d'un certain arbre qui peuvent guérir son mari. Pendant toute une longue journée, elle le cherche en vain. Ce n'est qu'à la fin du jour, qu'elle découvre enfin l'arbre aux racines curatives.

Alors malgré sa fatigue, elle creuse avec ses mains, pour les déterrer. Elle creuse avec tant de force qu'elle finit même par percer un trou dans la terre de son pays. Une vive lumière en jaillit aussitôt.

Intriguée, la jeune femme se penche pour regarder d'où vient cette lumière, perd subitement l'équilibre et tombe dans le vide. Sa chute, depuis le pays du ciel semble interminable mais l'issue, elle, en est bien certaine : c'est la mort qui l'attend en bas !

Voyant cela, deux grandes oies blanches s'envolent au secours de la jeune femme et la rattrapent par les bras. Voilà un bien extraordinaire équipage, ma foi ! Mais il vole et c'est bien là l'essentiel.

— Regarde, elle n'est pas comme nous, dit l'une des oies, elle n'a pas les pieds palmés. Je ne crois pas qu'elle sache nager.

— Il nous faut trouver un endroit hors de l'eau, répond la deuxième.

Malheureusement, la Terre était, à cette époque, entièrement recouverte par les eaux. Aucune île n'apparaît à l'horizon, seulement l'océan à perte de vue. Or, la femme est bien lourde et l'équipage commence à perdre de l'altitude. Désespérées, les deux grandes oies blanches appellent à leur aide la Grande Tortue.

Aussitôt, l'eau se met à bouillonner et des vagues se forment d'où l'on voit sortir majestueusement, la déesse des mers, la Grande Tortue. Cette dernière convoque immédiatement le conseil des animaux aquatiques :

— Mes amis, nous devons aider cette femme qui est tombée du ciel. Si l'un d'entre vous me rapporte ne serait-ce qu'un grain de sable du fond de l'océan, je ferai apparaître une terre où les oies pourront déposer cette femme et où tous les animaux qui le souhaiteront pourront également vivre.

Parmi les nageurs aguerris, le rat musqué, est le premier volontaire. L'animal plonge et s'enfonce dans l'eau mais il ne peut atteindre le fond et réapparaît rapidement. Pendant ce temps, les oies ont perdu de l'altitude ; la situation devient fort préoccupante.

Le castor plonge à son tour et il descend plus profondément encore. Bientôt tout est sombre autour de lui. Cependant, il ne peut atteindre le fond, lui non plus, et remonte vaincu. Quand il refait surface, les oies fatiguées peinent à soutenir la jeune femme.

C'est maintenant au tour de la loutre qui plonge et nage de toutes ses forces. Elle reste sous l'eau plus longtemps encore mais elle aussi, échoue et refait surface bredouille. Tour à tour, d'autres animaux tentent leur chance mais sans succès. Les oies épuisées ne sont maintenant plus qu'à quelques coups d'ailes au dessus de l'eau.

Soudain, on entend :

— Moi, je ramènerai le grain de sable ou je mourrai.

C'est Crapaud l'Ancien qui vient de parler ainsi. Tous les animaux se moquent de lui. Comment le vieux crapaud pourrait-il réussir là où de jeunes animaux vigoureux ont tous échoué ? Il est si faible, toutes ses forces se sont évanouies avec les années.

Mais Crapaud l'Ancien n'écoute pas, il adresse un bref salut à la déesse des mers et disparaît sous la surface. Certes il n'est peut-être pas aussi vigoureux que les autres mais il est déterminé. Il s'enfonce si profondément que tout autour de lui devient noir, mais il continue de descendre encore jusqu'au cœur des abysses. Ses poumons sont à présent sur le point d'éclater !

A la surface, le temps passe et les animaux continuent d'attendre et d'espérer. Cela fait un bien long moment maintenant que Crapaud a plongé, un trop long moment même. Tout le monde le croit noyé et regrette de s'être moqué de lui !

Arrive alors l'instant où les muscles des deux grandes oies se crispent, leurs poumons sont en feu. Les pieds de la femme tombée du ciel effleurent à présent la crête des vagues.

— Nous ne tiendrons plus longtemps ! s'écrient-elles désespérées.

— Ô toi, Grande tortue, ne peux-tu donc nous aider ?

Hélas, la grande tortue ne peut rien faire sans un grain de sable. Tous les animaux se résignent alors à voir la femme se noyer.

C'est alors que la mouette crie :

— Là-bas, le crapaud, le crapaud !

A quelques brasses de la Grande Tortue, le corps gonflé d'eau de Crapaud l'Ancien flotte sur le dos.

La déesse des mers s'approche de lui. Crapaud est inconscient, mais il est vivant ! et tient ses quatre pattes bien serrées. La grande Tortue ouvre une patte avec beaucoup de précautions. Rien ! Elle ouvre alors la deuxième patte. Mais là également, il n'y a rien du tout. Dans la troisième patte, toujours pas de trace du moindre grain de sable. Les animaux sont au bord du désespoir, cette fois tout est vraiment perdu !

Enfin, la Grande Tortue déplie la quatrième patte, au creux de laquelle se cache un unique et minuscule grain de sable. Minuscule certes, mais si chargé d'espoir.

La grande déesse s'en saisit délicatement et le dépose sur son dos. Et très rapidement, le grain de sable devient cent puis mille puis des millions. Ce sable recouvre bientôt toute la carapace de la Grande Tortue qui devient une île verdoyante, sur laquelle les deux oies peuvent enfin déposer Aetensic. Il était plus que temps !

La Femme-tombée-du-ciel s'est installée sur cette île et l'a nommée Wendake. C'est là qu'elle a donné naissance à son premier enfant et, plus tard, à la nation des Amérindiens Huron-Wendat.

Souvent, là-bas, les vieux Indiens, autour du feu, racontent l'histoire de la Femme tombée du ciel. Ils disent aussi, depuis ce temps-là, que quand la terre se met à trembler, c'est que la Grande Tortue bouge.

III

Cudu la Tortue et Ougnogou l'Arc-en-ciel

Conte Benga du Gabon – océan Atlantique.

Autrefois, Cudu la Tortue et Ougnogou l'Arc-en-ciel étaient de très grands amis. Ils étaient tellement liés qu'ils avaient prêté serment d'amitié éternelle. Ils s'étaient même engagés à respecter tous leurs désirs à chacune de leur rencontre. Et cela durait comme ça, depuis un certain temps, et aucun des deux compagnons ne s'en plaignait.

Un jour, Ougnogou l'Arc-en-ciel qui vit dans les nuages, descend rendre visite à Cudu, la tortue. En effet, il est si facile pour lui de descendre depuis le ciel vers la maison de son ami dans la mer ! Arrivé devant la maison de Cudu, il frappe à sa porte.

— Cudu, c'est Ougnogou, dit-il. Peux-tu me recevoir chez toi?

— Bien sûr, cher ami, répond Cudu. Ma maison est la tienne, entre et fais comme chez toi.

— Que ta maison est agréable. Mais, dis-moi qu'as-tu préparé de bon pour le dîner?

— Pour le dîner? Pour l'instant, rien mais comme tu es mon invité, ton choix sera le mien.

— Merci, mon ami pour ta générosité, alors je propose que nous mangions… ta mère!

Cudu recule, effrayé.

Quoi? Donner ma mère à manger! pense-t-il. C'est affreux, horrible! Même pour le meilleur des amis, c'est impossible!

Quel dilemme! Comment faire? En effet, il est lié à son compagnon l'Arc-en-ciel et ne peut, en aucun cas, refuser. Aussi, c'est dans une douleur extrême, que la tortue exauce le vœu de son ami et lui sert sa propre mère à dîner. Le plus terrible est de partager ce repas avec Ougnogou. Chaque bouchée est un vrai supplice!

Une fois le repas terminé, Ougnogou prend congé de son hôte et regagne, dans un envol multicolore, sa maison dans les nuages.

Cudu la tortue est encore dans la peine de la perte de sa mère et le lendemain, après la pluie, Ougnogou arrive à nouveau chez lui. Il lui propose, cette fois, de manger son fils. Cudu n'a pas d'autre choix que de respecter à nouveau leur serment d'amitié. C'est ensemble qu'ils mangent le fils de la tortue. Mais celle-ci est bien décidée à ne plus se laisser faire.

Finalement, l'Arc-en-ciel va prendre congé quand la tortue lui propose:

— Mon ami, pourquoi partir maintenant? Il se fait tard. Passe la nuit ici, tu pourras partir demain. De mon côté, je dois partir dès le lever du soleil pour un long voyage d'affaires. Je te laisserai un gros panier à côté de la porte. Prends-le, c'est un cadeau, de la viande pour ta famille.

Pendant qu'Ougnogou, l'Arc-en-ciel dort à poings fermés, Cudu la tortue se glisse silencieusement dans le panier et se recouvre de gros morceaux de viande.

Le coq ne chante déjà plus depuis longtemps quand l'Arc-en-ciel se lève. Il trouve le panier, le prend et s'en va. Arrivé dans les nuages, il décide de faire une halte pour prélever du vin de ses palmiers, comme cela se fait encore de nos jours. Il dépose le panier en bordure du chemin et se dirige vers la palmeraie. Une fois l'Arc-en-ciel suffisamment éloigné, Cudu en profite pour se dégager et se cache dans les broussailles. Ougnogou revient l'air jovial, ramasse son panier et prend le chemin de sa maison.

— Tiens, c'est bizarre! pense Ougnogou, ce panier me semblait plus lourd tout à l'heure!

Derrière lui, mais à distance respectable, Cudu la tortue le suit en trottinant aussi vite qu'elle peut.

Arrivé chez lui, Ougnogou raconte à sa famille son voyage et comment il a mangé une fois de plus un des membres de la famille de Cudu. Tous se mettent à rire à gorges déployées.

C'est alors que Cudu la tortue fait son apparition, à la grande surprise de la famille d'Ougnogou.

— Mais, mais... s'étonne l'Arc-en-ciel, comment as-tu fait pour arriver jusqu'ici? Tu ne sais pourtant pas voler.

— Et bien, cher ami, comme je te l'avais dit, j'avais un long voyage à effectuer et comme je suis allé plus vite que prévu, j'ai décidé de m'arrêter pour te saluer. Maintenant que je suis chez toi, tu ne peux pas me refuser ton hospitalité, n'est-ce pas?

— Effectivement, mon ami, répond Ougnogou, inquiet.

— Bien! Si cela ne vous dérange pas, je vais me permettre de choisir ce que nous allons manger aujourd'hui. Que dirais-tu si nous mangions ta mère?

Comme la Tortue avant lui, l'Arc-en-ciel est obligé de respecter leur serment et de sacrifier sa mère.

— Combien de temps comptes-tu rester ici, cher ami? demande Ougnogou, cette fois très inquiet.

— Hum, comme ta table est bonne, je me disais que je resterai bien... trois jours. D'autant que le voyage a été épuisant! se moque la tortue.

Le deuxième jour, Cudu la tortue propose que l'on mange l'un des deux enfants de Ougnogou. Après le repas, Ougnogou, craignant que la Tortue ne finisse par tuer toute sa famille, demande à sa femme de préparer la sauce d'arachide afin d'y faire cuire Cudu, dès le lendemain.

Pressentant le danger, Cudu la tortue annonce qu'il a besoin de repos en prévision du long voyage de retour qui l'attend et qu'il serait bien de ne pas le déranger.

Une fois la maisonnée endormie, Cudu se cache dans la poubelle. Bien malin qui irait le trouver là! Au petit matin, le dernier enfant de l'arc en ciel, s'en vient pour jeter la poubelle à la mer.

C'est bien plus tard, alors que Cudu a déjà regagné sa maison que Ougnogou se réveille et s'aperçoit de la disparition de la Tortue. Fou de rage, il se penche au-dessus de la mer et crie à la tortue:

— A malin, malin et demi. A partir d'aujourd'hui le serment est rompu.

— Puisque tu le dis, réplique en riant Cudu, qui n'attendait que ça.

C'est depuis ce jour, que l'on peut souvent voir Ougnogou l'Arc-en-ciel, se pencher vers la mer à la recherche de Cudu dans l'espoir de se venger. Cudu, la Tortue, quant à lui, sort souvent la tête de l'eau pour regarder vers les nuages. On ne sait jamais, il vaut mieux être prudent!

IV

Cudu la Tortue et Ndamayébwé la Terreur

Conte Benga du Gabon – océan Atlantique.

Au tout début des temps, les animaux de la mer vivaient ensemble dans un grand village situé au plus profond de l'océan. Ils avaient pour chef Gnambindi la baleine.

Comme tous les jours, Gnambindi distribue aux membres du village les tâches à effectuer. Aujourd'hui c'est Muébé le mulet qui doit veiller sur le village et préparer le dîner pendant que tous les autres habitants vaquent à leurs occupations à l'extérieur.

Le repas prêt, Muébé le mulet monte vaillamment la garde. Soudain, il voit s'approcher une ombre gigantesque, au multiples bras tentaculaires : c'est Ndamayébwé la terreur ! Et quand il ouvre la bouche, le terre se met à trembler, tout comme le pauvre Muébé le mulet :

— J'ai fait un long voyage, donne-moi un bon repas et un bon lit.

— C'est que, seigneur... Ne pouvez-vous pas attendre le retour de notre chef Gnambindi la baleine et des habitants du village, nous pourrions alors vous inviter à un vrai festin...

Muébé le mulet n'a pas le temps de finir sa phrase que Ndamayébwé la terreur le ligote, se dirige vers la cuisine, dévore à lui seul le dîner, vide même les réserve et va tranquillement s'allonger dans le lit du roi. Il allume la pipe de ce dernier et s'endort comme un bienheureux.

Le soir venu, entendant les villageois qui reviennent en chantant Ndamayébwé la terreur s'éclipse aussi vite qu'il était arrivé. A l'entrée du village ses habitants trouvent Muébé le mulet ligoté, la cuisine dévastée et la chambre du roi ravagée.

Muébé le mulet s'excuse, s'explique :

— Il était si grand et si fort, avec ses multiples bras, je n'ai rien pu faire.

Le lendemain matin, le roi demande un volontaire pour garder le village. Kondji le requin s'avance fièrement :

— Ah ah, avec mes dents pointues, je dévorerai l'intrus avant qu'il n'ait mis un tentacule dans le village.

Rassurés, les habitants du village partent le lendemain travailler le cœur léger. Mais en rentrant de leur longue et dure journée, quelle n'est pas leur surprise ! Kondji le requin est à son tour ligoté et bâillonné et le village pillé et saccagé.

Le lendemain matin, Gnambindi la baleine rassemble tout le village.

— Qui est volontaire pour s'opposer à cette brute de Ndamayebwé ? Qui est assez courageux pour l'affronter?» demande-t-il sans conviction.

Personne n'ose soutenir le regard du grand chef. Le silence est si pesant qu'on pourrait entendre le plancton rire à des milles à la ronde.

Devant ce grand silence, Gnambindi la baleine réalise l'ampleur du désastre. Soudain :

— Moi, je veux bien rester pour défendre le village, avec mon amie Elolo la Sardine.

C'est Cudu la Tortue qui vient de parler.

Le village entier éclate de rire.

— Toi ? Tu veux réussir là ou Muébé et Kondji ont tous deux échoué ? Serais-tu tombé sur la tête ? »

Cudu, ne répond pas aux moqueries et prépare son plan.

Les villageois partis, Cudu donne les instructions à Elolo :

— Tu vas préparer la cuisine et tu garderas le village comme si tu étais seul. Moi je vais me cacher. En aucun cas tu ne dois dévoiler ma présence à Ndamayébwé la terreur, sinon je ne donne pas cher de notre peau.

Elolo la sardine, toute tremblante se met à la tâche et chante bien haut pour se rassurer. C'est alors que l'ombre toute en tentacules de Ndamayébwé la terreur apparaît :

— Hé toi, vermine ! Apporte moi ta marmite que tu prépares et qui sent si bon.

Il attache la pauvre sardine terrorisée et se goinfre goulûment. Après ce majestueux repas, Ndamayébwé la terreur fume la pipe royale et s'allonge dans le lit royal. Ses terribles ronflements indiquent bientôt à Cudu qu'il peut sortir de sa cachette. Et posément, calmement, tranquillement, Cudu la tortue ligote Ndamayébwé la terreur.

Puis il court libérer son amie Elolo la sardine. Ensemble, ils préparent un vrai festin.

Le soir venu, s'attendant au pire, les habitants entrent prudemment dans le village. Mais une douce odeur s'échappe de la cuisine. Et là, là ! Oh ! Ndamayébwé la terreur est solidement ligotée dans la chambre du roi !

Les clameurs du village se font entendre jusqu'à la surface de l'océan. Ndamayébwé la terreur est condamnée à quitter le pays et, honteuse, elle ne hante plus désormais que les fosses abyssales.

Depuis ce jour, Cudu la tortue est devenu conseiller privé du Roi Gnambindi la baleine. Et quand on lui demande comment il a pu se jouer de Ndamayébwé la terreur, il répond invariablement avec un sourire en coin et un clin d'œil à l'adresse d'Elolo : « Un seul doigt ne lave pas la figure. »

V

Cudu la Tortue et la famine

Conte Benga du Gabon – océan Atlantique.

Au tout début des temps, il y a de cela plus longtemps encore qu'on ne peut l'imaginer, les animaux de la mer avaient pour roi Ukabo la bécune. La bécune est une lointaine parente du barracuda, nantie comme lui d'une belle brochette de dents. Heureusement en ce temps là les animaux marins se nourrissaient exclusivement d'algues. Aucun ne pourchassait l'autre pour le dévorer, la paix régnait sous les flots et Ukabo la bécune était un roi sage et respecté.

La vie était fort agréable, les animaux de la mer ont cru et se sont multipliés, si bien que ce qui était profusion de nourriture est devenu pénurie. De la bombance on passe à la disette : il reste si peu d'algues à grignoter que la famine s'installe.

Le roi Ukabo la bécune ne sait plus que faire. Les plus faibles, des malades, des vieillards, des enfants meurent jour après jour. Chaque famille a un proche à pleurer. Enfin, presque chaque famille, car dans celle de Cudu, il n'y a étrangement aucun décès à déplorer. Tous se portent à merveille ! On flaire le mystère. Cela commence à faire jaser. Et cela arrive aux oreilles du roi.

Ukabo la bécune convoque un grand conseil. Comment faire pour passer cette crise ? Muébé le mulet propose :

— Nous pourrions interroger Cudu la tortue, il a, à l'évidence, un secret qu'il ne veut pas partager.

Partager, c'est bien le mot : Cudu la tortue il a tout simplement senti la pénurie arriver et a longuement amassé d'amples réserves de nourriture bien cachées dans sa maison. Et le voilà invité à s'expliquer devant le grand conseil. Cudu tremble en voyant les yeux égarés des grands poissons affamés. Comment avouer son forfait à des êtres rendus fous par la faim ? Ils le mettraient en pièce.

— Un secret ? Comment ça un secret ? Oh, une solution passagère tout au plus. Voyez à quoi j'en suis réduit pour norrir mes pauvres enfants : je ramasse les cadavres que vos familles jettent à l'extérieur du village pour nourrir mes pauvres enfants.

— Manger de la viande ! s'exclame le roi Ukabo.

— Oui mon roi, nous n'avions jamais essayé auparavant, mais la chair d'un poisson est douce, tendre, fondante, goûteuse, fine, délicieuse…

— Hum hum, voilà que tu titilles mes papilles mon bon Cudu, que tu mets en appétit mon estomac fatigué d'être vide Mais pourquoi faudrait-il que l'animal soit mort ? Il doit être bien meilleur tout frais et en bonne santé.

Et perdant toute raison, Ukabo la bécune, se jette sur Muébé le mulet et le dévore. Voyant cela, Konji le requin, bondit sur Ibembi le faux capitaine, Tchivo le rouge croque Elolo la sardine, et tous les grands poissons aux mâchoires garnies de longues dents se précipitent pour croquer les petits.

Effaré par ce qu'il vient de provoquer, Cudu la tortue profite de ce tumulte pour se glisser discrètement hors du palais et rentrer chez lui.

Depuis ce jour, certains poissons sont devenus carnivores. Les plus gros, avec les plus grosses dents comme Ukabo la bécune ou Konji le requin. Ceux qui sont restés végétariens comme Muébé le mulet passent leur journée près des algues dont ils se nourrissent mais surtout dans lesquelles ils peuvent se cacher. Et Cudu la tortue ? Devinez.

VI

Les tortues et le poisson-fée

Conte créole des Antilles – Mer des Caraïbes.

Il y a bien longtemps, vivait un si grand nombre de tortues dans la mer des Antilles, qu'elles en recouvraient presque toute la surface.

Malheureusement, les pélicans appréciaient le goût délicat des œufs de tortue. Aussi, pour mettre leur progéniture à l'abri, les mamans tortues avaient appris à creuser dans le sable de profonds trous pour y cacher leurs œufs. Mais cela ne suffisait pas, des chiens arrivaient parfois à les déterrer. Et quand un nid n'avait pas été trouvé, et qu'une myriade de petites tortues parvenait à éclore, de multiples dangers les attendaient encore. Les crabes, les oiseaux marins fondaient sur elles, et pour celles qui réussissaient à atteindre l'eau, les poissons carnassiers les guettaient tranquillement dans les vagues.

Beaucoup de mamans tortues, qui attendaient leurs enfants au large, ne les voyaient jamais arriver. Elles repartaient tristes et seules en mer. Le nombre de tortues commençait à diminuer dramatiquement : la situation devenait vraiment critique.

Alors, un jour, les tortues de la mer des Antilles organisent une grande réunion, la réunion de la dernière chance. Elles décident d'aller jusqu'en Mer des Sargasses pour demander de l'aide au poisson-fée, qui a la réputation de trouver solution à tout. La route est longue bien sûr, mais certainement pas de nature à inquiéter les tortues, habituées à sillonner toutes les mers du monde.

Lorsqu'elles arrivent enfin, les tortues exposent leurs doléances au poisson-fée, qui les écoute réfléchit longuement et enfin leur répond :

«Mesdames, j'aurais tant voulu pouvoir vous aider. Mais ce sont là les lois de la nature, les autres animaux ont aussi le droit de vivre, et pour cela ils doivent se nourrir. C'est que, voyez-vous, la chair et les œufs de tortues sont délicieux! Je dois avouer que j'y ai moi-même goûté une fois...

Mais enfin, très vénérable poisson-fée, à cette allure, nous allons bientôt disparaître, et quand il n'y aura plus de tortues, il n'y aura plus d'œufs non plus! Vous avez bien trouvé une solution pour les poissons-armés, vous devez en chercher une pour nous».

Le poisson-fée réfléchit plus longuement encore et finalement leur propose:

— Mesdames, pour compenser la terrible perte des œufs et des bébés tortues contre laquelle je ne peux rien, vous pourrez vivre jusqu'à 70 ans et chacune d'entre-vous pourra pondre plus de mille œufs chaque année. Pour vous protéger des poissons, des crustacés, des animaux terrestres, je vous offre une solide carapace d'écailles.»

Et c'est depuis ce temps-là, que les mamans tortues peuvent vivre si longtemps, et qu'elles possèdent cette carapace qui les protège tant bien que mal des prédateurs. Ainsi, si de nombreuses petites tortues continuent, hélas, de mourir, les survivantes coulent une vie douce dans la mer des Antilles.

Pourtant l'équilibre trouvé par le poisson-fée est si fragile, qu'un rien suffirait à le briser.

Et l'on raconte, en Guyane, que la tortue Luth serait arrivée en retard chez le poisson-fée, si bien qu'il n'y avait plus de carapace pour elle. Alors, le poisson-fée lui aurait donné une épaisse cuirasse de cuir, la vie la plus longue, la capacité de nager le plus profond, dans les eaux les plus froides. C'est pourquoi on peut la trouver un peu partout dans l'océan. Mais jamais elle n'oublie de revenir pondre sur ses chères plages de Guyane qui l'ont vue naître.

VII

La tortue, les loups et l'aigle

Conte du Mexique - Mer des Caraïbes.

Lorsque la chaleur devient étouffante et que toute eau semble avoir disparu de la terre, les vieux mexicains racontent cette histoire.

Il y a bien longtemps, vivait une meute de loups d'une espèce particulièrement vorace. Ils passaient leur temps à chasser les animaux qui vivaient dans la grande prairie.

Un jour, alors qu'ils cherchent une proie, ils traversent une grande rivière bouillonnante. De l'autre côté, les loups aperçoivent une grande et magnifique tortue marine qui peine à regagner l'eau. C'est la plus belle tortue qu'on ait jamais vue mais les loups sont tellement affamés qu'ils se jettent sur elle et la dévorent, arrachant de leurs dents pointues de gros morceaux de son corps et les engloutissant goulûment. A la fin de la curée, il ne reste même pas une écaille de la grande tortue.

Repus, les loups sentent la soif les gagner. Une soif terrible, horrible. Leur langue se pétrifie et leur gorge brûle comme le feu. Ils ont alors tellement soif qu'ils pourraient boire toute l'eau de la rivière. La langue pendante, les loups reviennent sur leurs pas jusqu'au cours d'eau.

Hélas, quand ils y arrivent, les galets brillent au soleil : son lit est à sec.

— Mais, c'est impossible, il y avait bien une rivière ici tout à l'heure ! s'exclame l'un des loups.

— Oui, c'est bizarre, comment l'eau a-t-elle pu disparaître ? demande un autre animal.

— Allons, mes amis, continuons notre chemin, nous trouverons sûrement de l'eau un peu plus loin! avance alors le chef de la meute.

Les loups se mettent alors en quête d'un point d'eau. Ils marchent pendant des heures et des heures.. Hélas, ils ne trouvent plus la moindre goutte d'eau nulle part. La grande prairie elle-même se transforme peu à peu en désert sec et aride!

— Qu'allons-nous devenir? Nous ne pourrons pas tenir longtemps comme cela! s'inquiète un loup.

— Regardez, l'interrompt l'un de ses compagnons, on dirait que cet aigle se baigne là-haut!

En effet, au sommet d'une falaise, ils aperçoivent un aigle en train de s'asperger. De l'eau ruisselle de ses ailes et de son dos formant ensuite comme une poussière de pluie.

Le chef des loups s'avance et demande au rapace:

— Ola, Maître Aigle, toi qui est le Roi du Ciel, pourrais-tu nous jeter un peu d'eau? Nous avons si soif!

L'aigle se retourne alors, déploie ses ailes et les secoue de façon à faire tomber un peu du précieux liquide aux pieds des loups. Aussitôt, les animaux assoiffés se précipitent pour lécher ces quelques gouttes venues du ciel. Certains en viennent même à se battre. Hélas, cela ne suffit pas...

— S'il te plaît, Maître Aigle, pourrais-tu nous donner plus d'eau. Nous mourrons de soif.

— Vraiment?, déclare le Roi du Ciel, Hélas la grande tortue était la gardienne de l'eau et vous l'avez dévorée. Si vous voulez boire, vous devez d'abord la faire revenir.

— Mais, c'est impossible, nous ne pouvons pas la faire revenir, nous l'avons mangée! gémissent les loups.

— Rien n'est impossible mais, vous devrez faire comme je vous le dis, explique l'aigle. Rendez d'abord tous les morceaux que vous avez avalés. Puis, vous les assemblerez pour reconstituer son corps tel qu'il était auparavant. Si vous y parvenez, vous pourrez vous désaltérer.

Les loups font comme l'aigle leur a dit car, en vérité, ils ne peuvent plus supporter cette soif qui leur pétrifie la langue et leur brûle la gorge. Chacun à leur tour, les loups vomissent les morceaux de la tortue. Puis, ils les assemblent comme on le fait des pièces d'un puzzle.

— Ola, Maître Aigle, nous avons fait comme tu as dit. Mais comment faire pour les entrailles, nous ne les avons pas retrouvées?

— Tressez des rubans de chiffons et mettez les sous la carapace, répond le Roi du Ciel.

Et c'est ce que font les loups. Ils tressent des chiffons et les placent sous la carapace de la tortue.

— Ola, Maître Aigle, nous avons fait comme tu as dit. Que devons-nous faire à présent pour que l'eau réapparaisse? demandent à nouveau les animaux assoiffés.

— Maintenant fabriquez un puits en forme de cruche dans lequel vous placerez le corps de la tortue.

Et c'est ce que font les loups. Ils grattent le sol pour y creuser un puits en forme de cruche.

— Ola, Maître Aigle, nous avons fait comme tu as dit, que devons-nous faire ensuite?

— Placez le corps de la tortue dans le puits et répétez ceci: «**Ô toi, eau blanche, reviens-nous, reviens-nous!**» Mais, attention! Quand l'eau commencera à sortir, vous ne devrez pas y toucher, vous devrez attendre qu'il se forme une rivière.

Les loups placent la tortue dans le puits et commencent à chanter:

«**Ô toi, eau blanche, reviens-nous, reviens-nous.**»

Soudain, ils voient de l'eau jaillir du fond du puits. Bientôt, un fin ruisseau sort de la terre et commence à bouillonner. Le bouillonnement s'amplifie, des vagues se forment et le ruisseau laisse bientôt place à une magnifique rivière.

Les loups s'approchent de la rive et se désaltèrent enfin.

«La tortue est la gardienne de l'Eau, c'est la gardienne de la Vie, de nos vies. Sans elle nous ne pourrions survivre très longtemps!»

Ainsi avec les petits morceaux qu'ils ont récupérés, les loups sont parvenus à reconstituer la tortue. On dit que c'est depuis ce temps que les tortues ont une carapace faite d'autant de morceaux qu'il y a de loups dans une meute.

Intermède

7 Petites Tortues

Randonnée écrite par Emilie Brocard, Pierre Courtiade,
Jean-Luc Bauza et Anne Prince.

7 petites tortues, quand descend la nuit,
7 petites tortues sortent de leur nid ! Hop là !
En voilà une qui, tout à coup,
tombi-tomba,
retombe au fond de son trou !
Au début, y'en avait 7,
Maintenant, c'est 6 qu'il en reste !!

6 petites tortues, au clair de la lune,
6 petites tortues glissent dans les dunes ! Hop là !
En voilà une qui, ha ! Misère !
perdi-perda,
s' perd entre mer et lampadaire !
Au début, y'en avait 7,
Maintenant, c'est 5 qu'il en reste !!

5 petites tortues trottant sur le sable ...
5 petites tortues filent vers les vagues ! Hop là !
En voilà une qui, quel chagrin,
croqui-croqua,
se fait croquer par un gros chien
Au début, y'en avait 7,
Maintenant, c'est 4 qu'il en reste !!

4 petites tortues dans le bleu de l'eau...
4 petites tortues nagent dans les flots ! Hop là !
En voilà une qui, ça c'est fou,
gobi, goba,
se fait gober par un mérou !
Au début, y'en avait 7
Maintenant, c'est 3 qu'il en reste !!

3 petites tortues qui dans l'eau s'amusent,
3 petites tortues dégustent des méduses ! Hop là !
En voilà une qui, c'est tragique,
touffi-touffa,
s'étouffe avec un sac plastique !
Au début, y'en avait 7,
Maintenant, c'est 2 qu'il en reste !!

2 petites tortues de la mer profonde
2 petites tortues reviennent pour pondre ! Hop là !
En voilà une qui, quel méfait,
méli-méla,
s'emmêle dans un filet !
Au début, y'en avait 7,
Maintenant, c'est 1 qu'il en reste !!

1 petite tortue dans le sable doux
1 petite tortue creuse un profond trou
Et la voilà qui, sous mes yeux,
pondi-ponda,
se met à pondre 7 nouveaux œufs !

Au début, y'en avait 7,
Il n'en est plus resté qu'une,
A nouveau, il y a 7 œufs,
7 tortues prêtes à naître.
Combien vivront assez de lunes
pour, à leur tour, pondre 7 œufs ?

Comptez bien, car…

Y'en aura une, je vous le dis,
qui restera au fond du nid,

Y'en aura une, c'est bien dommage,
qui se perdra sur la plage,

Y'en aura une, ça c'est pas bien
qui sera croquée par un chien,

Y'en aura une, à tous les coups,
qui sera gobée par un mérou,

Y'en aura une, c'est dramatique
qui s'étouffera avec un sac plastique,

Y'en aura une, sans le faire exprès,
qui sera noyée dans un filet.

Au début, y'en aura 7, Il n'en restera plus qu'une…
J'ai bien dit une, attention, pas aucune !

VIII

Chemin Paradis

Conte de l'île de la Réunion – océan Indien.

Il était une fois, il y a bien longtemps, une petite fille qui s'appelait Madina. Elle habitait avec son père dans une petite case en bois sur les hauteurs de Saint-Pierre, sur l'île de la Réunion. Tous les matins, son père partait travailler dans les plantations des environs et laissait sa fille seule.

En ce temps-là, à la Réunion, il n'y avait ni route, ni voiture, ni même école pour les petites filles comme Madina. Mais elle ne s'embêtait pas, loin de là, elle passait sa journée à faire des couronnes de liseron blanc, à courir après les papillons multicolores et à écouter le doux chant des oiseaux.

Chaque soir, Madina demandait à son papa de lui raconter une histoire. La légende qu'elle préférait, c'était celle du chemin paradis, qui se terminait toujours ainsi :

«Quand la Sainte- Vierge est montée au ciel, elle a renversé un petit peu de lait sur son passage pour montrer à ses enfants le chemin du paradis. C'est ce chemin que l'on appelle la Voie Lactée.».

Un soir, on frappe à la porte. C'est son oncle Jean qui leur rend une petite visite. Il habite au bord de la mer, à une journée de marche de leur case. Madina est folle de joie. Elle aime beaucoup son tonton, et surtout... il a toujours des histoires merveilleuses à raconter. La nuit venue, il commence à parler:

— A l'anse de Saint-Leu, à côté de mon village de pécheurs, il y a des tortues qui viennent pondre chaque nuit de pleine lune. Mais on dit qu'une fois tous les 100 ans, vient une tortue extraordinaire, la plus grande, la plus grosse, la plus vieille et la plus sage de toutes les tortues. La tortue «Bon Dieu» comme disent les anciens.

Puis il se penche vers Madina et lui souffle :

— Et il paraît qu'elle connaît le chemin du Paradis.

Bien sûr, cette nuit-là, la petite fille s'endort en rêvant du paradis. C'est encore plus beau que son île bien-aimée. Elle rêve de la tortue bon Dieu qui lui montre le chemin parsemé de petites gouttes de lait perdues par la Sainte-Vierge.

Le lendemain matin, Madina demande à son oncle de l'emmener au bord de la mer. Ses yeux qui brillent du souvenir des milliers d'étoiles de la nuit sont si jolis, que celui-ci ne peut pas refuser. Et Madina le suit en chantant :

«Tortue «Bon Dieu» montre-moi, montre-moi le chemin Paradis. Tortue «Bon Dieu» mène-moi, mène-moi au chemin Paradis.»

Ils arrivent à la nuit tombée à la case de son oncle Jean. Sa tante Amélie lui prépare un bon lit et un dîner de poisson. Puis, Madina s'endort bien vite.

Au matin, elle est la première levée, et son petit-déjeuner avalé, elle se précipite à l'anse de Saint-Leu. Mais le soleil écrase la plage de sa lumière, et Madina ne voit pas l'ombre d'une tortue. Le soir, comprenant sa tristesse, son oncle Jean la rassure :

— Madina, mets de la joie sur ton joli visage ! Sache que c'est la nuit, quand la lune éclaire, que les tortues sortent de la mer. Or, dans quelques jours, ce sera la pleine lune !

En effet, quelques nuits plus tard, la lune est ronde comme une roue de charrette et on la voit briller sur la mer comme un soleil d'argent.. Dans la case endormie, Madina se lève, traverse silencieusement la pièce et sort. Elle se dirige alors vers l'anse de Saint-Leu.

Une fois arrivée, elle y voit des myriades de tortues qui s'aventurent hors des flots pour pondre leurs œufs dans le sable chaud. Mais aucune d'elle n'est assez grande, assez grosse et assez sage pour être la tortue «Bon Dieu». Madina s'assied et commence à chantonner :

«Tortue «Bon Dieu», montre-moi, montre-moi le chemin paradis. Tortue «Bon Dieu» mène-moi, mène-moi au chemin paradis.»

Enfin, une forme immense apparaît dans les vagues. C'est elle, ça ne peut être qu'elle ! Une énorme tortue sort de l'eau et remonte péniblement la pente de la plage. Puis, elle creuse son trou et commence à pondre. Des dizaines et des dizaines d'œufs. Madina s'approche.

Enfin, alors que l'aube rosit le ciel, la tortue recouvre de sable son nid, en fait trois fois le tour pour masquer sa présence et repart pesamment vers la mer. C'est alors que Madina monte sur son dos, s'accroche à sa carapace et ferme les yeux tandis que la tortue pénètre dans les flots. La petit fille sent l'eau chaude et salée qui s'écoule le long de son corps, et se sent heureuse.

Quand elle ouvre les yeux, elle est au milieu des étoiles qui font comme un nuage de minuscules gouttes de lait. Madina chante :

«Tortue «Bon Dieu», montre-moi, montre-moi le chemin paradis. Tortue «Bon Dieu» mène-moi, mène-moi au chemin paradis.»

La lune est grosse comme elle ne l'a jamais vue. Derrière elle, s'éloigne une petite boule bleue :

— C'est ça la Terre, comme elle est minuscule !

L'histoire dit que Madina est arrivée jusqu'au paradis. Depuis ce temps, les anciens disent aussi que quand un réunionnais au cœur pur monte à son tour au ciel, c'est la petite Madina qui lui ouvre la porte, et elle lui glisse un petit mot gentil en créole pour qu'il ne se sente pas perdu au milieu des «zoreils», les blancs. Quoique, à ce qu'on dit, des zoreils, au Paradis, il n'y en aurait pas tant que ça.

IX

Les désobéissantes

Conte de Madagascar – océan Indien.

Au tout début des temps, on dit que Dieu créa le monde. Pour fabriquer les végétaux, les animaux et les êtres humains, il utilisa de l'argile qu'il modela pour réaliser chacun selon ses caractéristiques : feuille, écaille, plume, poil.

Ce n'est qu'après avoir terminé, qu'il s'aperçut qu'il avait oublié de créer les tortues. Il les façonna alors rapidement et grossièrement. C'est pourquoi les tortues ont une si lourde carapace. Cependant comme Dieu est bon, en compensation, il leur donna une longue vie et leur fit cette recommandation :

— Faites bien attention, Mesdames Tortues, vous ne devez pas jouer dans l'eau. Votre carapace est très fragile et risque de s'affaisser. Vous n'auriez alors plus de protection contre les prédateurs !

Et durant des milliers d'années les tortues firent comme Dieu leur avait conseillé.

Mais un jour qu'un groupe de tortues se promène le long de la côte, sous un soleil de plomb, l'une d'elles s'arrête fascinée devant une vague venue mourir à ses pattes. Elle dit à ses compagnes :

— Mes amies, comme l'eau semble douce. Pourquoi n'irions nous pas nous baigner ? Il fait tellement chaud.

— Serais-tu devenue folle ? Tu sais bien que nous perdrons notre carapace si nous allons dans l'eau.

— C'est ce que prétendent en effet les anciens. Mais sur cette plage, la chaleur est tellement étouffante. En plus, je meurs de faim, peut-être l'océan regorge-t-il de délicieuses plantes ? En tous cas, cela nous rafraîchira.

Commence alors un long palabre. Si les tortues se déplacent lentement, elles délibèrent plus lentement encore. Pendant que ses aînées discutent, la petite maligne s'éloigne discrètement et se glisse dans la mer. Quel bonheur ! L'eau était si fraîche ! Et elle nage, s'ébroue et roule dans les vagues, tout heureuse de constater que sa carapace est beaucoup moins lourde à présent.

En voyant son plaisir, un petit groupe de tortues ne résiste pas à la tentation et la rejoint au milieu des vagues. Les autres, plus respectueuses de la parole divine, restent sur le sable. Elles attendent durant des heures et des heures, en vain. Alors les tortues restées sur la plage abandonnent leurs compagnes et retournent avec amertume dans les forêts et les broussailles.

C'est depuis ce jour que la colonie des tortues s'est divisée en deux. Celles qui sont restées à terre ont gardé la forme que Dieu leur avait donnée, alors que les autres, celles qui ont désobéi ont vu leur forme évoluer. Leurs pattes se sont aplaties et leur carapace est devenue tellement rigide qu'elle ne leur permet plus d'y rentrer la tête. Cependant, elles en sont très fières car, grâce au sel qui les recouvre en permanence, leur carapace brille à la lune comme des étoiles.

Ces désobéissantes ne supportent plus de vivre hors de l'eau mais de temps en temps, elles rejoignent tout de même la terre ferme pour y pondre leurs œufs et elles y retrouvent alors, leurs compagnes terrestres.

Ce conte a été collecté par Mme Paulette Rasoahantanivo, coordinatrice des Clubs Vintsy (Martin Pêcheur) du Centre culturel et éducatif à l'environnement.

X

Cœur de singe

Conte d'Inde - océan Indien.

Il était une fois un vieux singe qui vivait tout seul dans un arbre au bord de la mer. Il avait tout pour être heureux, et pourtant... il n'avait pas d'ami et s'ennuyait beaucoup.

Un matin, il voit arriver sur son rivage compère Tortue, venu du grand large à la recherche de quelques fruits. Le vieux singe lui en offre avec plaisir et c'est ainsi que commence une grande amitié.

Tous les jours, compère Tortue quitte son île au milieu de l'océan pour rejoindre son vieil ami. Ils passent leurs journées à s'amuser, à jouer, à discuter et à manger toutes sortes de fruits délicieux. Compère Tortue ne rentre chez lui qu'au crépuscule. Parfois même, il oublie le chemin du retour, et passe la nuit à deviser avec le vieux singe. Mais compère Tortue est marié, et de son côté, commère Tortue n'est pas vraiment contente de ses absences répétées. A vrai dire, elle en est jalouse, et depuis longtemps, elle cherche un moyen de briser cette amitié envahissante.

Un soir, elle met au point un terrible plan. Quand Compère Tortue rentre chez lui, il trouve sa femme alitée, souffrante et gémissante :

— Ahhh, Ahhh, c'est bientôt la fin, je le sens, je vais mourir.

Compère Tortue est effrayé :

— Que... que t'arrive-t-il?

Sa femme continue de se plaindre, de se lamenter et dans un souffle réussit à lui expliquer :

— Le docteur sort d'ici, mon pauvre mari, et il m'a dit que je n'en avais plus pour longtemps à vivre.

— Enfin, il doit bien y avoir un remède, non? demande Compère tortue.

— Oh oui, il existe un remède, mais je n'ose même pas imaginer comment tu pourrais te le procurer. Ce qu'il me faudrait c'est un cœur de singe!

Un cœur de singe... Où pourrait-il bien trouver un cœur de... Non, tout de même pas celui de son vieil ami! Et pendant que compère Tortue réfléchit, sa femme gémit, pleure, s'étouffe de plus belle, le guettant du coin de l'œil. Alors il se décide et part vers le rivage, en se répétant sans cesse, comme pour se donner du courage «La nécessité ne connaît pas d'ami. La nécessité ne connaît pas d'ami. La nécessité...»

C'est le vieux singe qui est bien surpris de voir revenir compère Tortue.

— Déjà de retour! Tu t'es disputé avec ta femme?

— Non, non, au contraire, elle voudrait bien te connaître, depuis le temps que je lui parle de toi. Elle a préparé un bon repas, et t'invite à dîner.

Le vieux singe est très content, mais il regarde la mer d'un air désolé:

— Hélas, je voudrais bien te suivre, mais je ne sais pas nager.

— Tout problème a une solution, lui répond son ami, je te porterai sur mon dos. Allez grimpe!

Et voilà l'équipage qui s'éloigne en direction de l'île de compère tortue. Celui-ci est soucieux:

— Que doit-il faire maintenant pour... pour tuer son... son ami... son vieil ami?

Le vieux singe sent qu'il se passe quelque chose d'anormal:

— Eh bien, te voila si silencieux à présent, que t'arrive-t-il?

L'âme en peine, compère Tortue se décide à avouer la vérité :

— Ma femme est malade, et sais-tu ce qu'a dit le docteur ? Pour la soigner, il n'existerait rien d'autre qu'un cœur de singe. C'est pour ça que je te conduis chez moi.

On dit que ce n'est pas à un vieux singe que l'on apprend à faire des grimaces, mais en entendant cela, le macaque en fait une qui est vraiment épouvantable !

— Une ruse, vite, il me faut trouver une ruse ! se dit-il à cet instant.

Le singe pense alors qu'il est dans une situation on ne peut plus délicate car il ne sait pas nager et le voilà au milieu de l'océan, sur le dos d'une tortue qui veut lui arracher le cœur ! Enfin, il essaie de reprendre un peu d'assurance et dit alors à son compagnon :

— Oh mon ami, pourquoi ne me l'as-tu pas dit quand nous avons quitté la plage, j'aurais pris mon cœur avec moi.

— Comment, tu n'as pas ton cœur dans ta poitrine ?

— Bien sûr que non, lui répond le singe, ne sais-tu pas que nous autres les singes, nous laissons notre cœur chez nous quand nous partons en voyage ?

Surpris, compère Tortue s'arrête de nager.

— Si tu veux, lui dit gentiment son vieil ami, retournons jusqu'à mon arbre, et je te donnerai avec plaisir mon cœur pour sauver ta femme.

— Quoi? Tu ferais cela pour moi ?

— Mais oui, tu es mon ami, et pour moi, l'amitié, c'est ce qu'il y a de plus précieux au monde ! Et puis tu sais, mon cœur est déjà bien usé, il est temps que j'en change à présent !

Compère Tortue fait alors demi-tour, et revient bien vite vers la terre où vit le singe. A peine a-t-il touché le sable, que le singe bondit à terre, et file se réfugier tout en haut de son arbre. Compère Tortue attend, mais le vieux singe est confortablement installé sur une branche.

— Oh compère, dépêche-toi maintenant, prends ton cœur et rejoins-moi, ma femme se meurt.

Le vieux singe ne bouge pas :

— Prendre mon cœur, mais mon ami, il est dans ma poitrine, comme celui de tout le monde, et tu es bien sot d'avoir cru le contraire. Et j'ai bien l'intention qu'il y reste encore longtemps ! Va-t-en car je n'ai que faire d'un ami comme toi !

Alors compère Tortue, retourne chez lui tristement assister sa femme dans son agonie imaginaire. Le vieux singe, quant à lui, se retrouve à nouveau seul sur sa plage. Et, dans son cœur tant convoité, il ressent une immense douleur, comme seule peut vous l'affliger la trahison d'un ami.

De nombreuses variantes existent dont une en Guyane où la tortue est remplacée par un Caïman qui se fait berner par le singe.

XI

La Tortue et l'île

Conte de Papouasie Nouvelle Guinée – océan Pacifique.

Il y a bien, bien longtemps, vivait dans l'océan Pacifique une grande, puissante et magnifique tortue.

Elle était la mère de toutes les tortues marines. Cette grande tortue passait ses journées à nager et quand elle était fatiguée, elle somnolait à la surface des flots. Elle aimait sentir la chaleur du soleil sur sa carapace et ses pensées vagabondaient :

«Si seulement il y avait un morceau de terre pour se reposer au milieu de cet immense océan ».

Un jour, au cours d'un long voyage, la grande tortue découvre une haute montagne de sable qui s'élève depuis le fond de l'océan... mais n'atteint pas la surface des flots. En voyant cela, la grande tortue s'arrête, intriguée et se reprend à rêver :

« Si je pouvais apporter encore plus de sable à cette grande montagne, bientôt elle se dresserait au-dessus de l'océan. Le soleil brillerait sur elle mais grâce au vent du large, l'air y serait doux à respirer. Quel endroit délicieux ce serait pour profiter de la chaleur du jour ou bien de l'air frais de la nuit quand je serais fatiguée de voyager.»

Sans plus attendre, la tortue se met au travail et avec ses immenses nageoires, elle apporte du sable. Elle réussit même à ramener quelques rochers des rivages les plus proches de l'Inde et de l'Asie. Elle fait tant et tant d'allers et retours, le soleil se lève et se couche jours après jours, la lune apparaît et disparaît nuits après nuits. Petit à petit, la montagne de sable gonfle, enfle, s'élève et s'élargit de plus en plus. Enfin, elle devient une belle île au milieu de l'océan. En la contemplant d'un air satisfait, la grande tortue comprend alors que sa part de travail est finie.

En traversant l'océan d'une terre à l'autre, les oiseaux marins laissent à leur tour tomber toutes sortes de graines sur l'île. Bientôt, elle se couvre d'herbes luisantes, de fleurs parfumées et d'arbres chargés de fruits succulents. C'est une île merveilleuse et fertile entourée par une mer toute aussi généreuse qui regorge de poissons de toutes tailles. Quel bonheur !

Un jour la tortue plonge très profondément dans l'océan, plus profondément qu'elle n'a jamais plongé auparavant. Soudain, elle aperçoit l'entrée sombre d'une grotte. Dans cette grotte vit un homme dont la peau est noire comme la pierre des volcans. Il n'a ni femme, ni enfants, encore moins de peuple. Il est seul dans sa caverne et s'y ennuie tellement que son cœur est aussi lourd qu'un bloc de corail.

L'homme accueille la grande tortue avec empressement. Il lui confie sa peine et lui demande de l'aider à trouver une femme. Oui, une femme qui souhaiterait avoir un compagnon et élever des enfants. La tortue écoute longuement l'homme de la caverne, pense à son île ensoleillée. Elle prend alors pitié de lui et l'invite à monter sur son dos. Puis d'un puissant coup de nageoires, elle conduit l'homme sur son île fleurie.

Dès le lendemain, la grande tortue repart et nage vers la terre la plus proche. Là, elle sait qu'une femme se tient sur le rivage, une femme très belle à la peau noire elle aussi. Cette femme est en train de pleurer. Elle est seule et se désole : elle souhaiterait tant rencontrer un homme et avoir des enfants. Alors la grande tortue l'invite à monter sur son dos. Puis, après un long voyage, elle la ramène sur son île-paradis.

Les anciens racontent que l'homme et la femme à la peau noire vécurent en paix sur l'île, que tous deux riaient, jouaient dans les vagues, quelquefois se querellaient, mais que jamais au grand jamais ils n'oubliaient d'ouvrir leur cœur. Ils eurent des enfants, de beaux enfants à la peau noire.

Leurs enfants eurent des enfants qui eurent aussi des enfants. Ainsi, l'île fut habitée par tout un peuple qui travaillait la terre, construisait des maisons, et pêchait sur le rivage mais qui surtout, partageait sa joie. Cette île est connue aujourd'hui sous le nom de Nouvelle-Guinée.

XII

Comment la tortue a trouvé sa carapace

Conte de Papouasie Nouvelle Guinée – océan Pacifique.

Il était une fois deux très bons amis. Une tortue du nom de Tamaela et un papillon du nom de Bebebi. Tamaela n'était pas une tortue comme nous les connaissons car elle n'avait pas de carapace. Bebebi était un très grand papillon avec de jolis dessins orange, noir et vert sur les ailes.

Comment une créature plus à l'aise sur mer que sur terre a-t-elle pu se lier d'amitié avec un être virevoltant de fleur en fleur ? Nul ne le sait. Pourtant, au moment le plus chaud de la journée, Tamaela la tortue et Bebebi le papillon aimaient à s'asseoir dans la douceur du sable à l'ombre d'un cocotier géant, pour deviser des choses de la vie.

Un jour qu'ils sont assis à leur place favorite, Tamaela décide de déplacer un rocher qui la gênait. Elle tire, elle pousse et pendant ce terrible effort un vent bruyant et malodorant s'échappe de son corps. Entendant cela, Bebebi s'envole dans le ciel pour fuir cette pénible émanation.

Quelques minutes plus tard, en revenant s'asseoir à coté de son amie, Bebebi le papillon décide de se venger : dans son dos, il pose une petite crotte. Oh, une toute petite crotte de papillon ! Et à sa grande surprise, Tamaela s'exclame :

— Quelle est donc cette douce odeur qui me parfume les narines ? Est-ce le parfum du Manibolu ?

C'est alors qu'elle réalise que le parfum vient de la crotte de son ami.

— Que manges-tu donc qui produit cette douceur ? demande-t-elle à Bebebi.

— Je mange des bananes, des mangues et je bois le nectar des fleurs des buissons sauvage, lui répond le papillon. Et toi que manges-tu?

— Je mange des algues et je bois de l'eau salée, répond la

tortue. Dis, Bebebi, j'aimerais bien goûter ce que tu manges. Nous pourrions amener chacun un peu de notre nourriture préférée et la partager.

Bebebi le papillon accepte et les voilà tous deux partis à la recherche de nourriture. Revenus peu avant le coucher du soleil, chacun dispose ses trouvailles sous le cocotier.

— Goûte un peu de chaque mets que j'ai apporté et dis-moi ce que tu préfères, dit Bebebi à Tamaela. Pendant ce temps, je dégusterai aussi ta bonne chaire.

La tortue attrape une banane, la pelle délicatement et l'avale d'un coup.

— Délicieux ! dit-elle, la bouche encore pleine.

Le papillon prend un petit morceau d'algue et commence à mâcher.

— Etonnant, déclare-t-il. Cela me change de mes fruits sucrés habituels !

Pendant ce temps, Tamaela la tortue engloutit quelques morceaux de mangue, boit un peu du nectar de fleur et s'exclame :

— Maintenant que j'ai goûté à tout, je peux te dire que c'est la banane que je préfère. Peux-tu me montrer l'endroit où poussent ces fruits savoureux ?

— Bien sûr, suis-moi ! répond Bebebi.

Il conduit la tortue à un jardin proche, couvert de bananiers, où les régimes de bananes pendent jusqu'au sol. Les deux amis mangent et mangent jusqu'à plus faim. Quand ils quittent le jardin, Bebebi met cependant en garde Tamaela.

— Les bananiers appartiennent à des villageois qui en prennent grand soin. Quiconque sera pris à voler des bananes sera mis à mort ! avertit-il.

Hélas, Tamaela est très gourmande et elle n'écoute pas l'avertissement de Bebebi. Dès le lendemain soir, elle revient dans le jardin. Elle est déjà en train de dévorer sa cinquième banane, quand trois villageois en colère la surprennent et la capturent.

— Ah Ah ! s'exclame le chef du village, ce soir il y aura un grand festin, nous mangerons une tortue bien grasse ! Que tous les hommes, les femmes et les enfants partent chercher racines, légumes et épices pour l'accompagner et du bois pour le feu.

Les villageois se mettent en route à l'exception d'une vieille aveugle qui a pour mission de garder la tortue. Une fois qu'elles sont seules, Tamaela s'adresse à la vieille femme.

— Cette corde me serre tant, elle me déchire la peau. Relâche un peu mes liens, ainsi ma chair ne sera pas abîmée et vous pourrez me manger entièrement.

La vieille femme n'est pas très intelligente. Elle écoute la tortue et, sans réfléchir plus longtemps elle coupe la corde. Tamaela saisit un morceau de bois sur le sol et le tend à la vieille femme.

— Prends ma patte et ne lâche pas car je pourrais m'échapper.

Tamaela s'éloigne de la vieille, mais elle est inquiète : « je suis si lente, les villageois risquent de me rattraper avant que j'aie plongé dans la mer ». A la sortie du village, elle trouve un magnifique bol de cérémonie en bois grainé, en couvre son dos et ainsi protégée marche le plus vite possible vers la mer.

Quand les villageois reviennent, apportant du bois pour le feu et de la nourriture pour la fête, ils sont bien étonnés de voir la vieille aveugle assise au milieu du village, tenant fermement un morceau de bois.

— Où est la tortue, s'écrient-ils.

— Je la tiens bien fermement par la patte, réplique l'aveugle. J'ai détaché ses liens pour que sa chair ne soit pas marquée.

— Stupide vieille femme, hurle le chef. Tu ne réalises pas

que ce que tu serres si fort n'est rien d'autre qu'un morceau de bois ? La tortue t'a trompée et s'est échappée.

Un des villageois aperçoit les traces laissées par la tortue ; elles se dirigent vers la mer. Les hommes s'élancent aussitôt à sa poursuite. Quand les chasseurs arrivent sur la plage, Tamaela est déjà au bord de l'eau. Une pluie de lances et de sagaies s'abat sur elle mais Tamaela la tortue est bien protégée par le bol de cérémonie qui recouvre son dos.

Dès qu'elle est à bonne distance, elle se retourne vers la rive et crie aux hommes :

— Retournez dans votre village et mangez donc les morceaux de bois que vous avez ramassés pour me faire rôtir !

Puis elle plonge profondément et nage jusqu'à une petite île inhabitée appelée Bunola.

Elle vécut là de nombreuses années. Pour une tortue, les années peuvent devenir des siècles. Elle eut beaucoup de petites tortues; et elle n'a jamais plus quitté le bol de cérémonie qui lui avait sauvé la vie. Le plus étrange c'est que chacune des petites tortues est née avec un petit bol sur le dos. C'est depuis ce jour que toutes les tortues ont une carapace et Tamaela est leur mère.

Regardez attentivement la carapace d'une tortue, vous verrez sûrement le si joli grain de bois du bol que les hommes avaient gravé au village. Aujourd'hui, la petite île de Bunola, proche de l'île de Misima, dans l'archipel de Louisade, est encore inhabitée par les hommes mais des centaines et des centaines de descendants de Tamaela reviennent tous les ans y pondre. Bunola est aussi appelée l'île des tortues.

XIII

Comment est née la première tortue

Conte aborigène d'Australie – océan Pacifique.

On raconte, là bas, en Australie, qu'au commencement des temps étaient les esprits ancêtres. Ils ont façonné le monde et les êtres qui le peuplent et il appartient aux hommes, par leur musique et par leur chant, de faire vivre à nouveau ce temps des ancêtres pour comprendre l'harmonie de la création.

Il y a bien longtemps vivait un homme du nom de Mungi. C'était un musicien, qui parcourait les villages. Sa renommée s'étendait auprès de tous les clans du Nord de l'Australie. Il chantait la mémoire des esprits ancêtres, enchantait les humains, faisait parler la terre en soufflant dans son didgeridoo et danser les êtres en frappant ses claves.

Longtemps Mungi est allé porter ses chants à tous ceux qui l'accueillaient sur la grande terre australe, car il n'appartenait à aucun clan et il appartenait à tous. Mungi vivait sans autre attache que celle de la mémoire des esprits ancêtres. C'était un homme libre, un homme en marche, qui jamais ne s'attardait sur les lieux de ses haltes. Dès que le chemin l'appelait, il s'en allait, portant vers d'autres villages ses chants, son didgeridoo et ses claves.

Un jour, alors que Mungi marche au bord de la mer, deux guerriers se présentent à lui :

— Ta renommée n'est plus à faire Mungi, mais tu n'as encore jamais visité notre village. Viens avec nous, nous avons soif d'entendre tes chants et ta musique, soif de t'entendre faire revivre les esprits ancêtres.

— Pourquoi pas. D'où venez-vous ?

— Notre clan est installé sur cet îlot, non loin du continent.

— Je ne sais pas nager et vous n'avez pas de barque, jamais je ne pourrai aller sur votre île.

— Nous sommes forts et pourrons te soutenir pour la traversée.

— Me ramènerez-vous quand je vous le demanderai ?

— Bien sûr !

Le soir même l'île tout entière se rassemble autour de Mungi et se laisse bercer, charmer, entraîner par la voix de l'artiste. Et tous, dans le clan, sont heureux d'avoir pour eux cet homme dont la voix porte toute la mémoire du monde.

Mungi aussi est heureux, il prolonge même son séjour de quelques semaines. Et puis un matin il sent qu'il est temps pour lui de reprendre le chemin. Il se lève, saisit ses instruments, et prie les deux guerriers qui l'avaient aidé dans la traversée de le ramener sur le continent. Tous ceux du clan le supplient :

— Reste avec nous quelques jours encore.

— Cela fait trop longtemps que je suis ici, d'autres rencontres m'attendent, je dois partir.

— Reste, et nous t'apprendrons à nager.

Et Mungi accepte, car il désire maîtriser cet art qui lui parait si difficile. Pourtant, les jours passent, et les guerriers ne tiennent pas leur promesse. Mungi comprend alors qu'ils ne l'aideront jamais à repartir et il décide de tenter seul la courte traversée. De loin, les guerriers du clan le voient se jeter bravement à la mer, ils le voient perdre pied, ils le voient prendre le chemin de la mort sous les flots. Et lorsqu'ils le sortent de l'eau, sans un mot, leur regard suffit à Mungi pour savoir que s'il tentait encore de fuir, ils le tueraient.

Cette nuit-là, Mungi chante comme il n'a jamais chanté. De ses claves il fait naître un tourbillon de rythme qui soulève les danseurs. Plus le désespoir l'étreint, plus il laisse la musique s'envoler et tout le clan trépigne, tournoie et saute au gré de sa volonté, quand d'un coup plus violent que les autres, le musicien parvient à rompre les solides bâtons de bois.

Il y a soudain un grand silence.

Mungi dresse vers le ciel ses claves brisées. Les danseurs sont consternés :

— Nous allons t'en fabriquer d'autres.

— hélas, leur répond-il, des claves d'une sonorité aussi pleine, on ne peut les tailler que dans le large tronc d'un eucalyptus qui aura été creusé par les termites. Je n'ai pas vu sur cette île d'arbre qui puisse convenir.

— Hé bien nous irons en chercher un sur le continent.

Ainsi les deux chasseurs traversent la mer jusqu'à la grande terre, trouvent un tronc d'eucalyptus conforme à ce qu'exigeait Mungi et le rapportent. Bien sûr pendant tout ce temps Mungi doit attendre sur l'île.

— Laissez moi seul à présent, leur dit Mungi, avant de pouvoir tailler des claves dans ce bois, je dois y tracer des figures magiques et le laisser tremper dans l'eau toute la nuit sous la lumière des étoiles. Cela doit être fait dans le plus grand secret.

Enfin sans surveillance, à la nuit tombée, l'artiste fend en deux le tronc creux. Il tire à l'eau l'une des moitiés du tronc et se glisse dessous. Il est bien dissimulé sous le bois et peut garder la tête hors de l'eau. Seuls dépassent ses doigts qui maintiennent fermement au-dessus de lui la protection du tronc flottant, tout en lui permettant de ne pas couler. Mungi progresse avec peine, car seul le battement de ses pieds lui permet d'avancer.

Mais les deux guerriers se réveillent au milieu de la nuit, suspicieux. Quand ils arrivent sur la plage de leur île, Mungi est déjà trop loin pour qu'ils puissent le rattraper à la nage. Dans leur rage, les guerriers lancent leurs javelots sur le tronc qui s'éloigne. Sous son abri de bois, Mungi ne risque rien, mais, épuisé par l'effort qu'il a dû fournir, fébrile dans sa hâte d'atteindre le but, il sort la tête pour s'assurer qu'il approche du continent. A l'instant même où à ses yeux se révèle la plage, à l'instant où il sent sous ses pieds l'affleurement du sable, un javelot le frappe à la nuque.

Mungi, gardien de la mémoire, lien avec les esprits ancêtres, sent la vie quitter son corps, sent ce lien lui échapper, sent toute la musique dont il est empli glisser vers le néant.

Heureusement les esprits ancêtres veillent sur lui et lui accordent de vivre encore. Mais quand Mungi parvient jusqu'à la plage, quand il s'effondre sur le sable, il a cessé d'être l'homme qui chante la Mémoire, l'homme qui enchante les humains et fait parler la terre avec son didgeridoo. Le tronc de bois s'est soudé à son corps comme une épaisse carapace protectrice. Seules émergent sa tête et quatre pattes puissantes, semblables à des nageoires. La créature qui avait porté le nom de Mungi halète quelques instants sur la rive, puis se précipite vers la mer pour y plonger dans le flot d'une vie nouvelle. C'est ainsi que les esprits ancêtres ont fait naître la première tortue marine.

XIV

Urashima et la tortue

Conte du Japon – océan Pacifique.

Il y a bien longtemps, sur une île du vieux Japon, vivait un pêcheur du nom d'Urashima. Il habitait seul avec sa mère. Tous les jours elle le pressait de prendre femme et tous les jours, Urashima lui répondait :

— Mère, j'attrape juste assez de poissons pour notre nourriture à tous deux. Tant que nous vivrons ensemble, je ne me marierai pas.

Un jour, au large, Urashima prend dans ses filets une toute petite tortue.

— Elle est minuscule, soupire-t-il, à peine bonne à donner du goût à une soupe.

Néanmoins, la pêche ayant été mauvaise, il jette la tortue dans une caisse au fond du bateau. C'est alors qu'il entend une voix fluette :

— Aie pitié de moi, je suis si jeune, je ne connais encore rien de la vie. Rends-moi la liberté, l'occasion viendra où je pourrai te remercier.

Urashima se penche au dessus de la caisse, perplexe. Est ce la tortue qui vient de parler ainsi ? Qui cela peut-il être sinon? Urashima se saisit de la tortue et comme il a bon coeur, il la remet à l'eau. Les semaines et les années passent et Urashima entre dans la force de l'âge. Il oublie les étranges paroles de la petite tortue. Ne les aurait-il pas rêvées ?

Voilà qu'un matin il se laisse surprendre, bien loin de la rive, par une violente tempête. Sous les assauts du vent, sa voile se déchire, sa barque chavire et Urashima tombe à la mer. Il se débat, surnage dans les vagues immenses. Il est à bout de forces et croit sa dernière heure arrivée, quand apparaît à ses cotés une tortue géante.

— Jadis, tu m'as laissé la vie sauve, dit-elle. A mon tour de t'aider aujourd'hui: monte sur mon dos !

Urashima pense qu'elle va le ramener au rivage mais la tortue l'entraîne au fond de la mer, tout au fond, jusqu'au palais de Ryugu, le Roi-Dragon de l'océan.

— Je suis la dame de compagnie de la princesse Otohimé, explique la tortue. Elle souhaite te remercier de m'avoir écoutée et sauvée.

Et à la seconde où ils se voient, Urashima et la princesse Otohimé tombent éperdument amoureux l'un de l'autre. La princesse lui demande :

— Veux-tu rester avec moi pour toujours ?

— Oui, oh oui, balbutie-t-il.

— Notre union sera éternelle, car, dans mon royaume, on ne vieillit jamais ! lui confie-t-elle alors.

Urashima est si heureux auprès d'Otohimé qu'il ne voit pas s'écouler les jours, les mois, les années. Sous la mer, les saisons n'existent pas et rien n'y permet de mesurer le temps.

Pourtant, un soir, une pensée le traverse et Urashima demande à la princesse :

— Depuis combien de temps suis-je ici ?

— Cela fait trois ans, répond-elle. T'ennuierais-tu auprès de moi ?

— Oh non, pas du tout ! Tu m'aurais dit que j'étais arrivé il y a trois mois ou trente ans, je t'aurais cru tout aussi bien. Mais je m'inquiète pour ma vieille maman qui doit se faire du souci. J'aimerais aller l'embrasser.

La princesse fond en larmes.

— Qu'y a-t-il ma beauté ?

— Je sais que si tu pars d'ici, jamais tu ne me reviendras !

Urashima lui jure le contraire et la supplie tant et si bien qu'à la fin elle le laisse partir. Au moment des adieux, elle lui confie une petite boîte dorée:

— Va, mon aimé. Garde précieusement ce coffret avec toi. Et surtout, quoi qu'il puisse arriver, ne l'ouvre pas car sinon nous ne nous retrouverions jamais.

Urashima la rassure, l'embrasse tendrement et monte sur le dos de la tortue qui l'emporte jusqu'au rivage. Quel plaisir de revoir son vieux village ! Urashima regarde autour de lui mais tout semble étrange, si différent, les rues, les maisons, les gens. Il croit d'abord que la tortue s'est trompée d'endroit, et puis il reconnaît quelques bâtisses, un passage... Oui, c'est bien son village mais quels changements !

Urashima est inquiet, il ne reconnaît plus personne. Où sont passés ses amis, ses voisins ? Il se dirige vers sa maison : il n'en reste plus que la fontaine en pierre et un escalier en ruine. La gorge serrée, il demande à un vieil homme assis sur un banc devant la maison voisine s'il a entendu parler d'un pêcheur nommé Urashima.

— Vous ne connaissez donc pas la légende? s'étonne le vieillard. On raconte qu'un certain Urashima aurait vécu ici il y a bien longtemps. Puis un matin, il a disparu en mer. Certains disent qu'il a rejoint le Palais-sous-la-mer. En tout cas, personne ne l'a jamais revu.

— Et qu'est devenue sa mère ? demande Urashima d'une voix blanche.

— On dit qu'elle serait morte de chagrin le jour même où il a disparu. Il y a maintenant près de trois cent ans de cela.

Une sourde angoisse étreint le cœur d'Urashima.

— Je dois faire un cauchemar, se dit-il.

Et si l'explication de tout ceci se trouvait dans la boîte que lui a confiée Otohimé ? Il tire de sa ceinture le petit coffret de la princesse et négligeant les recommandations qu'elle lui avait faites, il l'ouvre.

Un nuage de fumée violette s'en échappe et l'enveloppe aussitôt. Lorsque le nuage se dissipe, qu'Urashima a fini de tousser et qu'il veut se lever, une douleur aiguë lui enserre les reins. Cassé en avant et s'appuyant aux ruines, il parvient à marcher jusqu'à la fontaine qui lui renvoie alors l'image d'un vieillard chauve et ridé.

Lentement, il prend la direction du rivage. Là, face à la mer, il s'agenouille et se recroqueville? Comme un vieux papier qui brûle, il tombe en cendres brunes que le ressac disperse lentement.

Alors qu'à l'horizon une grande tortue nage au soleil couchant, l'on croit entendre, portée par le vent du large, comme une longue plainte qui viendrait du fond de la mer.

De nombreuses variantes de ce conte existent dans tout l'océan Pacifique.

Remerciements

En premier lieu Emilie Brocard et Pierre Courtiade qui ont initié ce projet, Jean-Luc Bauza, David Mérour, Myrtho Elfort, Catherine Moreau, Laurent Ragonot, Jocelyne Moutoumalaya et Anne Prince qui sont venus y ajouter leur plume, et tous les membres de la Compagnie Zoukouyanyan qui l'ont si longtemps soutenu.

Le WWF Guyane, qui a cru en ce projet et nous a soutenu financièrement, et en particulier Laurent Kelle

Le réseau d'animateurs du WWF réparti dans principaux lieux de pontes du monde qui a pu réaliser une large collecte de contes dans toutes les langues dans laquelle nous avons puisé.

Mme Paulette Rasoahantanivo de Madagascar, qui nous a donné un si beau conte.

Jean-Pierre Penez dont les dessins regardent nos histoires de son air amusé.

Et enfin nos mamans, nos papas, nos oncles et tantes, grands frères ou sœurs, qui en nous racontant des histoires quand nous étions petits, nous ont donné le goût d'en transmettre à notre tour. Puissiez vous, amis lecteurs, vous glisser aussi dans cette chaîne infinie de la parole.

WWF

Ce recueil de contes a été réalisé par la Compagnie Zoukouyanyan, association de conteurs, avec l'aide du WWF Guyane

Un « zoukouyanyan » est une luciole en créole guyanais, mais un soukougnan est un feu follet, un esprit maléfique pour les antillais. C'est ainsi que sont les contes, brillants dans la nuit, virevoltants, fascinants, parfois amusants, parfois inquiétants, et souvent sages, comme les tortues.

la Compagnie
ZOUKOUYANYAN

Table des matières

Achevé d'imprimer en septembre 2009
sur les presses de la Nouvelle Imprimerie Laballery
58500 Clamecy
Dépôt légal : septembre 2009
Numéro d'impression : 905029

Imprimé en France

La Nouvelle Imprimerie Laballery est titulaire de la marque Imprim'Vert®